Rose Ausländer
Regenwörter

Gedichte

Herausgegeben von
Helmut Braun

Reclam

RECLAMS UNIVERSAL-BIBLIOTHEK Nr. 8959
1994 Philipp Reclam jun. GmbH & Co. KG,
Siemensstraße 32, 71254 Ditzingen
info@reclam.de
Copyrightvermerke für die Texte siehe Seite 116
Druck und Bindung: Esser printSolutions GmbH,
Untere Sonnenstraße 5, 84030 Ergolding
Printed in Germany 2025
RECLAM, UNIVERSAL-BIBLIOTHEK und
RECLAMS UNIVERSAL-BIBLIOTHEK sind eingetragene Marken
der Philipp Reclam jun. GmbH & Co. KG, Stuttgart
ISBN 978-3-15-008959-0
reclam.de

Inhalt

Bukowina II

Landschaft die mich
erfand

wasserarmig
waldhaarig
die Heidelbeerhügel
honigschwarz

Viersprachig verbrüderte
Lieder
in entzweiter Zeit

Aufgelöst
strömen die Jahre
ans verflossene Ufer

Niagara Falls III

Betäubender Tag

Drei
bunte Himmelssäbel
schneiden ins Fleisch
der stürzenden Flut

Schnaubend
in weißer Gischt
fällt ins Wasser
die Zeit

Jerusalem

Wenn ich den blauweißen Schal
nach Osten hänge
schwingt Jerusalem herüber zu mir
mit Tempel und Hohelied

Ich bin fünftausend Jahre jung

Mein Schal
ist eine Schaukel

Wenn ich die Augen nach Osten
schließe
schwingt Jerusalem auf dem Hügel
fünftausend Jahre jung
herüber zu mir
im Orangenaroma

Altersgenossen
wir haben ein Spiel
in der Luft

Mein Venedig

Venedig
meine Stadt

Ich fühle sie
von Welle zu Welle
von Brücke zu Brücke

Ich wohne
in jedem Palast
am großen Kanal

Meine Glocken
läuten Gedichte

Mein Venedig
versinkt nicht

Auf der Sichel
reite ich

ströme
durch Venedigs Paläste

benetze
den Farn

Tautropfen
und Magie

Zaubernacht

Alte Zigeunerin

Die alte Zigeunerin ist tot
Sie hat mir das Leben versprochen
Stacheldraht Reisen Wortgefechte

In ihren schwarzen Augen
wanderten
zwei unruhige Sonnen
ihre Worte trugen mich
nach Amerika
und zurück nach Europa

Im Traum
hab ich sie begleitet
zum finstern Fluß
dann strömte ich zurück
ins Fieber meiner Geschichte

Sibirisch

Kraft an Kurven geübt
der Wind hat
feste Muskeln

Hinter dem Atem
Funken an Lappland streifend

Krähen
Schnee im Schnabel
Schatten
aus Lapislazuli

Als Bär vermummt
aber die Bienen
fortgezogen
Honigspur in der Wabe
vereist

Im Kreidedorf
am erstarrten Teich vorbei
bringt die Schlittenpost
Wolfsgeruch
aus Sibirien

Schwüre tauschen

Daß nicht aufhöre
das bestürzende Glück
Schatten fangen
Worte

Mit Magneten geheftet
an die rotierende Erde
Salz und Feuer im Blut
Schwüre tauschend

Trost
der Zukunfterinnerung

Daß nicht aufhört
der Dorn ins Herz zu wachsen
die Rosenbetörung

Flucht
in die letzte Herzenskammer
hier soll
kein Tod uns ertappen
Schwüre tauschen
die Schattenumarmung
ertragen

Neue Zeichen
brennen
am Firmament

doch

sie zu deuten
kommt kein Seher

und

meine Toten
schweigen tief

Einsamkeit II

Wahrgeworden
die Weissagung der Zigeunerin

Dein Land wird
dich verlassen
du wirst verlieren
Menschen und Schlaf

wirst reden
mit geschlossenen Lippen
zu fremden Lippen

Lieben wird dich
die Einsamkeit
wird dich umarmen

Schutzengel

Gebetbänder schützen
nicht

Im Ölgarten schläft
der Schutzengel
tagtäglich
nachtnächtlich

Hinter der Blutgrenze
blühen begrabene
Namen

Die Auferstandenen

Wo sind
die Auferstandenen
die ihren Tod
überwunden haben
das Leben liebkosen
sich anvertrauen
dem Wind

Kein Engel
verrät
ihre Spur

Denn

Denn
ich hab dir
nichts versprochen
nur den Docht für die Lampe
und das Kännchen Öl
für gedämpftes Licht
auf dem Tisch
mit den Blutflecken

Den Teppich
kann ich nicht weben
mit diesen Fäden aus Draht

Sag nicht »Gute Nacht«
die Nacht ist nicht gut
die fremde vergeßliche Nacht

Der Seher

Der Seher
sieht
die schwarze Fahne
auf halbmast

Das Haus ist gestorben
die Straße begraben
die Stadt war
eine wahre Erfindung

Der Seher
sieht
Moos

Wo sich verbergen

Wo
wenn der Regen abspringt
von schmutzigen Ziegeln

wo
wenn der Damm reißt im
Gedächtnis und die
gestauten Wasser hervorbrechen

wo
sich verbergen

wenn sie dich anfallen
ungestüm
und sich verbünden mit

stürzenden Himmeln

Dennoch Rosen
sommerhoch
Schmetterlinge
Möwenschwingen
überm Fluß

Nein
ich vergesse nicht
die eingebrannten Jahre
ich vergesse nicht
daß Stiefel
den Regenbogen zertraten
daß sie sich rüsteten
uns zu verwandeln in
Feuerrosen Feuerfalter Feuerschwingen

dennoch sommerhoch
der Duft
die Doppelflügel überm Fluß
das Gold auf meiner Haut

und die toten Rosen
nach der Nacht

Biographische Notiz

Ich rede
von der brennenden Nacht
die gelöscht hat
der Pruth

von Trauerweiden
Blutbuchen
verstummtem Nachtigallsang

vom gelben Stern
auf dem wir
stündlich starben
in der Galgenzeit

nicht über Rosen
red ich

Fliegend
auf einer Luftschaukel
Europa Amerika Europa

ich wohne nicht
ich lebe

Sprache

Halte mich in deinem Dienst
lebenslang
in dir will ich atmen

Ich dürste nach dir
trinke dich Wort für Wort
mein Quell

Dein zorniges Funkeln
Winterwort

Fliederfein
blühst du in mir
Frühlingswort

Ich folge dir
bis in den Schlaf
buchstabiere deine Träume

Wir verstehn uns aufs Wort
wir lieben einander

Befehl

Ein Gedicht
liegt auf der Lauer

Ich gehe arglos
vorüber

Es stürzt sich auf mich
flüstert mir Worte
ins Ohr
befiehlt schreib

Ich kann es nicht abschütteln
ungeduldig
schreibe ich

Papier ist geduldig

Bitte II

Wahrheit
sag mir die Wahrheit

Trag mich
auf deiner Schulter
sternweit

Ich will
dir tragen helfen
Rose und Schwert

Luftschlösser

Die Schwalben
sind ausgewandert
aus dem Kinderland

Ausgewandert
das Kinderland

Die Kinder
alt geworden

Ich
im Niemandsland
baue Luftschlösser
aus Papier

Gib mir

Gib mir
den Blick
auf das Bild
unsrer Zeit

Gib mir
Worte
es nachzubilden

Worte
stark
wie der Atem
der Erde

Treffen

Papierbogen
Schneefläche gespannt
auf der meine Finger
Pfeilen gleich fliegen
zu ihrem Bestimmungsort
Bestimmungswort

Wortreise
minutenweit
und weiter
bis zum Punkt
wo ich mich treffe
mit deinem Wort

Mutterland

Mein Vaterland ist tot
sie haben es begraben
im Feuer

Ich lebe
in meinem Mutterland
Wort

Hoffnung IV

Mein
aus der Verzweiflung
geborenes Wort

aus der verzweifelten Hoffnung
daß Dichten
noch möglich sei

Stammeln

Stammelst du wieder
Verzückung
Maimärchen an deiner
Wiege gesungen

In deiner Wiege
gewiegt
die purpurne Hoffnung

Stammelst du
deine gebrochenen Flügel
den Rosenverzicht

Papier

Papier ist Papier
aber es ist auch
ein Weg
zu den Sternen
zu Sinnbild und Sinn
blinden Geheimnissen
und
zu den Menschen

Wehrlos

Ich sage allen
bleibt mir vom Leibe
aber seid da
ohne euch
kann ich nicht leben

Kommt
und vergeßt mich

Ich bin wehrlos
wie meine Heimat

ausgesetzt
den verschwiegenen Worten
der Welterschaffung

Unbeschriebenes Blatt

Gefräßiges Tier
die glatte Haut
weiß
seine Poren
Magnete

Du fütterst
sein offenes Maul
schüttest dein Blut
in sein Ohr

Geduldig
frißt das stumme Tier
deine Lust
und Verzweiflung

Wege

wollen gegangen werden
geh »ein Wort weiter«

gradaus schräg
hinauf hinab

finde deinen Schritt
im Sternenwald

Licht kleidet dich
in Schatten

Geh
in den Steinbruch
der Wörter

Hoffnung II

Wer hofft
ist jung

Wer könnte atmen
ohne Hoffnung
daß auch in Zukunft
Rosen sich öffnen

ein Liebeswort
die Angst überlebt

Verlieren

Wirf
eine Münze
auf den Boden

Du Kopf
Adler ich

Stolz
blickt
der Kopf
mich an

Ich verliere
meine Habe
Worte
Worte
Worte

Gib mir
dein Schweigen

Regenwörter

Regenwörter
überfluten mich

Von Tropfen aufgesogen
in die Wolken geschwemmt
ich regne
in den offenen
Scharlachmund
des Mohns

Chance

Zum Berg gehn
den Fels herausreißen
aus seiner Lethargie
ihm Flügel zusprechen

Steh auf
aus dem Staub
wirf dein Gewicht
in die Wolken

Diese Chance
gibt dir das Wort
diese Chance
jetzt

Worte

Ich bringe euch
Worte

aus Buchen und Fichten
vom »Buchenland«

von den Wogen
des Atlantischen Ozeans

von Brücken und Palästen
Venedigs

von Israels
horatanzender Jugend

aus meinem Traum
vom Frieden

Ich bin
schon lange verschollen
doch
ich lebe immer noch
in einem
verlorenen Zimmer

und spiele
mit Worten
wie ein
törichtes Kind

Hab
alle Gesetze
gebrochen
von
Unordnung zu Unordnung

Hab
gelernt durch
Wände zu gehen
Wolken zu
durchqueren
jenseits der
Himmel

Jenseits
der Silben
quält mich
Stille

Keine Gedichte
im Augenblick
ich will leben

Morgen
vielleicht
glückt das Wort
weißes Blatt
Wald voller Vögel

Ich
spitze die Ohren
sehe mit den
Eulenaugen der Nacht

keine Gedichte
Morgen
vielleicht

Rad
aus Wolkenerz

Zeigerblitz
der mich
nicht lieben
will

Blütenatem
wo
der Frühling
singt

Ich schwöre es
das Losungswort
heißt
Liebe

Raum II

Noch ist Raum
für ein Gedicht

Noch ist das Gedicht
ein Raum

wo man atmen kann

Wer bin ich

Wenn ich verzweifelt bin
schreib ich Gedichte

Bin ich fröhlich
schreiben sich Gedichte
in mich

Wer bin ich
wenn ich nicht
schreibe

Nie

Nie
werde ich
die Drossel erreichen

nie mit drei Lauten
umzugehn wissen
als wären sie
alles

Es bleibt noch

Dennoch herrlich
Staub aus Fleisch

Diese Lichtgeburt
im Wimpernschoß

Lippen
ja
es bleibt noch
viel zu sagen

Löwenzahn

Astralzarte Kugel

laß mich
einen unverläßlichen
Augenblick lang

eh der Wind
dich entatmet

laß mich
dein mathematisches
Wunder
rühmen

Schwüre

Verstümmelt die Bäume
von eingeschnittenen Herzen

Äste zerbrochen
von gebrochnen Versprechen

Das im Himmel versunkne
Apfelland
wo Verliebte
Schwüre tauschen

Wabe

Eine Wabe Zeit

Du trinkst
den süßen
den bittern Honig

Jeder Tropfen
ein Tag

Freund
du warst
ein Irrtum
tausend Briefe
ohne Wahrheit
das Mohnspiel
deiner Lippen
deine Ohnmacht
setzt mich
matt

Weiter wandern

der Tod
wird den Verlust
verstehn

Ich gehe
im Bett
spazieren

Am Ufer des Ganges
und zur
Mauer Abazzia

Mein Herz
liegt in der
rostigen
Hülle der Trauer

Meine Wege
führen ins Wunder

Alles war schon

Alles war schon
Die Wunder sind verebbt

Neue Fragen
von harten Lippen
wo sich
vor der Antwort
verbergen

Ihr Riesenzwerge
im Riesengebirge
aus Pappe

Ein Abschnitt Langeweile

Im flüchtigen Rausch
aufschrein
und Asche sein

Frost

Im Siebenmeilenschlitten
der weißen
Gefahr
voraus

Eis hat
tiefe Wurzeln

Im Frost
geht um
das Sonnengespenst
Tief
unter Null

Im Regen

Unter Kastanien im Park
sitz ich im Regen
er küßt die Blumen

Tanzt auf meinem Schirm
ich bleibe

Ich liebe die Kühle
des Sommers
den Kastanienschutz
die spielende Fontäne
des Regens Trauerlied

Sein Silberherz schlägt
an mein Herz

Nachtzauber

Der Mond errötet
Kühle durchweht die Nacht

Am Himmel
Zauberstrahlen aus Kristall

Ein Poem
besucht den Dichter

Ein stiller Gott
schenkt Schlaf
eine verirrte Lerche
singt im Traum
auch Fische singen mit
denn es ist Brauch
in solcher Nacht
Unmögliches zu tun

Im Augenblick

Wüßt ich
wieviele Namen
dieser Augenblick hat

Kinderstimme im Greis
das Stadtgespräch
geht über die Grenze
ein Mißverständnis
von Land zu Land
mein Ohr ertrinkt
im Redefluß

Jetzt bist du gestorben
wann wirst du geboren

Im Augenblick
regnet es

Meine Tochter

Meine Tochter zürnt mir
weil ich ihr nicht schenke
was sie sich wünscht
Mond und Sterne

Ich biete ihr Sonnenstrahlen an
nein sagt sie
die Sonne mag ich nicht
ich kann ihr nicht ins Auge sehn

Ich erzähle ihr das Märchen
von Dornröschen
Gib mir
den Prinzen
er soll mich heiraten
befiehlt sie

Warte ein Weilchen
antworte ich
inzwischen erzähl ich dir Märchen
aus tausendundeiner Nacht

Dies ist die erste Nacht

Trauer II

Wie
die unendliche Trauer
ertragen

Gestirne aus
Steinen und Feuer

Such
ein Fünkchen Glanz
in der Finsternis

Atemnackt
dein Weilchen
HIER

Und

Und Wiesen gibt es noch
und Bäume und
Sonnenuntergänge
und
Meer
und Sterne
und das Wort
das Lied
und Menschen
und

Utopia

Utopia
mein Land

Keines größer
keines schöner

Hier
bin ich geboren

Hier will ich leben
äonenlang

Unverläßlich

Wir
zwischen Himmel und Erde
beiden hörig

Abglanz
Echo

Wirklichkeit
unser unverläßliches
Märchen

Geburtstag im Mai

Flieder verführt mich
zum Schwur
ich bin ein Atem
im Mai

Die blauen Adernflüsse
wer nimmt ihre Mündung wahr

Welchen Anteil
haben die Sterne
an meinem Traum

Im Maiglöckchenraum
dem störrischen Stier
geweiht

Der Widerspruch
steckt mir als Angel
im Blut

Spinoza II

Mein Heiliger
heißt Benedikt

Er hat
das Weltall
klargeschliffen

Unendlicher Kristall
aus dessen Herz
das Licht dringt

Mein Kind

Ich habe mein Kind
begraben
das ich nicht gebar

Es war
vollkommen

Selbstporträt

Jüdische Zigeunerin
deutschsprachig
unter schwarzgelber Fahne
erzogen

Grenzen schoben mich
zu Lateinern Slaven
Amerikanern Germanen

Europa
in deinem Schoß
träume ich
meine nächste Geburt

Himbeerwald

Bienen
singen den Sommer

Der Himbeerwald
glüht
aus Liebe zur Sonne

Finger stehlen die Glut
Münder verzehren sie

der leere Himbeerwald
riecht
nach vergangenem Glück

Allee

Ich höre das Herz
des Oleanders
gehe durch die grüne Allee
mit Blüten und Dornen
im Bund
ein Zipfelchen Zeit
in der Tasche

Ganz bleiben

Unter fallenden Kastanien
den Garten umarmen

Durch Zeitgeräusch wandern
von Stimme zu Stimme

Herzliche Briefe
lieben

Sich an allen Ecken
wundstoßen
und ganz bleiben

Almosen

Ich gehe von Haus zu Haus
Bettelmönch
Brotworte sammeln

Goldmünzen
mit stolzen Köpfen
ich grüße sie
bitte um Spende

Sie sehen an mir vorbei und
lächeln

In meine Almosenschale
fällt Schnee

Mein Atem

In meinen Tiefträumen
weint die Erde
Blut

Sterne lächeln
in meine Augen

Kommen Menschen
mit vielfarbnen Fragen
Geht zu Sokrates
antworte ich

Die Vergangenheit
hat mich gedichtet
ich habe
die Zukunft geerbt

Mein Atem heißt
jetzt

Schweigen II

Eine verschwiegene Hand
löscht die Lampe
im Fenster

Unsre Stimmen schlafen

Ich lege mein Schweigen
auf deine Lippen
du gibst es wortlos
meinem Mund zurück

Sternfedern
fallen uns in die Rede
verbrennen

Wir blasen ins Aschengefieder
Um unsern Atem verstärkt
Sternphönix
steigt aus der Stille

Verstohlene Hand
zündet im Fenster
die Lampe an

Ich war
ein Vogel
eine Feder
war ich
oder hat mich
der Morgenstern getäuscht

oder war der Traum
eine Schnecke
in deren Haus
ich mich verlor

Freund
kennst du
die Antwort

Ich lausche
dem Monolog des Mondes

Seine gelben Silben
tropfen in meinen Kelch

Wir werden
uns finden
wenn wir
Kinder
geblieben sind

Sünder

Noch nicht ganz
vergessen
das Paradies
wo wir sündlos waren

Schön und süß
der Apfel
sein Saft hat uns
sehend gemacht

Laßt uns Sünder sein
verbotene Worte lieben
und Menschen
unter drohendem Himmel

Einverleibt

Du einverleibt
dem Du
im Rosenschlaf
Gewittertief
nie aufhörender
Augenblick
aus dem Schatten geschält
dein Gesicht

Der Traum hat
offene Augen

Brüder

Vergiß nicht:
wir sind Brüder
uraltes Geschlecht

Wir leben
in einem Kreis
voller Ecken

Auf das Gesicht der Welt
klebe ich ein
Schönheitspflaster:
mein Wort
und rufe deines

denn wir sind Brüder
aus dem Nichts
der Ewigkeit

Frühling I

Mit dem Akazienduft
fliegt der Frühling
in dein Erstaunen

Die Zeit sagt
ich bin tausendgrün
und blühe
in vielen Farben

Lachend ruft die Sonne
ich schenke euch wieder
Wärme und Glanz

Ich bin der Atem der Erde
flüstert die Luft

Der Flieder
duftet
uns jung

Gemeinsam

Vergesset nicht
Freunde
wir reisen gemeinsam

besteigen Berge
pflücken Himbeeren
lassen uns tragen
von den vier Winden

Vergesset nicht
es ist unsre
gemeinsame Welt
die ungeteilte
ach die geteilte

die uns aufblühen läßt
die uns vernichtet
diese zerrissene
ungeteilte Erde
auf der wir
gemeinsam reisen

Teilen II

Ich schüttle
einen Apfel
vom Traum

Komm
laß uns teilen
die Frucht

den Wurm
in der Frucht

den Traum
laß uns
teilen

Vertrag

Einen Vertrag machen
zusammenzuhalten

bis ins Wurzelwerk
bis zu den strengsten Sternen
im letzten Himmel

du und du und du

Wachsen dürfen

Eine Insel erfinden
allfarben
wie das Licht

In seinem Schatten
willkommen heißen
die Erde

Sie bitten
uns aufzunehmen
in Gärten

wo wir wachsen dürfen
brüderlich
Mensch an Mensch

Als gäbe es

Als gäbe es
einen Himmel
und eine aufblickende
Erde

Als gäbe es
leuchtendes Blau
dumpfes Braun

Als gäbe es
Erdworte
überirdische Worte

Als gäbe es
Deinwort Meinwort
dich und mich

Wort an Wort

Wir wohnen
Wort an Wort

Sag mir
dein liebstes
Freund

meines heißt
DU

Liebe V

Wir werden uns wiederfinden
im See
du als Wasser
ich als Lotusblume

Du wirst mich tragen
ich werde dich trinken

Wir werden uns angehören
vor allen Augen

Sogar die Sterne
werden sich wundern:
hier haben sich Zwei
zurückverwandelt
in ihren Traum
der sie erwählte

Du bist die Stimme

Sei mir gewogen
Fremdling
ich liebe dich
den ich nicht kenne

Du bist die Stimme
die mich betört
Ich hab dich gehört
ruhend auf grünem Samt
du Moosatem
du Glocke des Glücks
und der unsterblichen Trauer

Das Schönste

Ich flüchte
in dein Zauberzelt
Liebe

im atmenden Wald
wo Grasspitzen
sich verneigen

weil
es nichts Schöneres gibt

Altenheim

In den Hundstagen
sitzen die Alten
im Baumschatten

Springbrunnen
sprechen sie an
auf dem Kobalthimmel
wandern Lämmerherden

Die Alten denken zurück
ans hastende Leben
das sie verlassen haben
das sie verlassen hat
sie erfinden es im Traum

Kommt
laßt uns Bingo spielen

Porträt eines Greises

Dies Gesicht
eine Grafik

Schön
die häßlichen Wangen

Hieroglyphen
aus verjährten Geheimnissen

Das vergessene
komm komm
Erwartung und Traumverlust
um die Mundwinkel

Schön
die gemeißelte Herbsthaut

Herein-hinaus-Gedanken
in die Stirn gekerbt

Wer bist du
Grenzüberschreiter
von Jahr zu Jahr

Wer bist du
häßlicher schöner
Mitmensch

Spiegelbild

Nimm
deinen Körper
zur Kenntnis

Du blickst
dich an
und fragst
wer bin ich

Du bist nicht
du wirst
älter
alt

Weiß nicht

Warum bis jetzt gelebt
ich weiß nicht warum
noch weiter mein Atem
wann hört er auf und die
Springbrunnensprache
vor meinem Fenster
Pappeln sprühendes Grün
Hundegebell und Sonntagsglocken
Amselstimmen verworrener Lärm
und Bruderzwist Blut auf Blut
der Schmerz im Zahn
im hämmernden Hirn
ach die verleugnete Seele
warum wozu

Ich weiß nicht
laß mich
nichts weiß ich

Ich denke

Ich denke
an die Eltern die mich verwöhnten
an Spielzeug und Kindergespielen

an Lust und Qual meiner
ersten Liebe

an Venedig Luzern die
Riviera und Israel

an Hölderlin Trakl
Kafka und Celan

an das Getto an Todestransporte
Hunger und Angst

an den Unfall
das ewige Bett an Freunde die
mich verließen und Menschen
die mir beistehn

Ich denke an die Ohnmacht meines Körpers
die Macht des Denkens
an Zauberworte und
Lebenszauber

Der winkende Tod
denkt an mich

Noch bist du da

Wirf deine Angst
in die Luft

Bald
ist deine Zeit um
bald
wächst der Himmel
unter dem Gras
fallen deine Träume
ins Nirgends

Noch
duftet die Nelke
singt die Drossel
noch darfst du lieben
Worte verschenken
noch bist du da

Sei was du bist
Gib was du hast

Zu kurz

Schnee im Haar
komm ich zu dir

lege dir meine Worte
zu Füßen

Du
traurig wie ich
weil der Tag zu kurz
das Jahr zu kurz
das Leben zu kurz

um das vollkommene
JA
zu sagen

Ich verzichte nicht

Ich verzichte
nicht
auf Blumen und Musik
auf meinen Zorn
über das Hungern Tausender
auf das Lächeln eines Menschen
auf harte und zarte Worte
auf das Da-Sein
in einer unfaßbaren Welt

Ich verzichte gern
auf den Tod
der nicht
auf mich verzichtet

Auch deine Trauer

Alles in Blüte
aber du trauerst
um Eisblumen
Schnee und Schlittenpartie

Ein Freund ruft
Frühling
einen andern hat
das Erdbeben zerstört

Wein und Tanz
trösten dich nicht

Alles in Blüte
auch deine Trauer

Alter

Diese harten Tage

Vergeblich leuchten
die Anemonen

Der Himmel ist grau
eine dunkle Wolke
weint

Ich suche den toten Freund
im Traum

Das Schreiben
tut weh

Zähl nicht II

Zähl nicht
die Stunden

Sie zählen sich selber
zum Jahr
zur winzigen Ewigkeit
deines Aufenthalts hier

Dieser rollende
Hauch

Nur die Pause

Bereit steht der Sarg
ich wehre mich
den Atem aufzugeben

Mir gehört
nicht
Sterngespinst
Straße
weißichwas

Nur die Pause
vor dem Dort
atmet mich

Wer

Wer wird sich meiner erinnern
wenn ich gehe

Nicht die Spatzen
die ich füttere
nicht die Pappeln
vor meinem Fenster
der Nordpark nicht
mein grüner Nachbar

Meine Freunde werden
ein Stündchen traurig sein
und mich vergessen

Ich werde ruhen
im Leib der Erde
sie wird mich verwandeln
und vergessen

Trennung

Du wirst dich trennen
von den Magnolienbäumen
und den jubilierenden Vögeln

von deinem Haus
und den Händen
die es bewohnbar machen

von der hartnäckigen Gewohnheit
die Augen aufzuschlagen
und zu schließen
wenn der Traum dich ruft

vom Wort
das dich erschaffen hat

Du wirst dich trennen
von deinem Schatten
der dich lebenslang
verfolgte im Licht

Die Erde wird sich trennen
von dir
und deiner Liebe zu ihr

Verwandter Träumer

Abend
verwandter Träumer
mit Schweigen
begabt

Du zeigst
dem Menschen
das Ziel
das sanfte Hinüber
in eine
andere Welt

Wieder

Mach wieder
Wasser aus mir

Strömen will ich
im Strom

ins Meer
münden

Gib auf

Der Traum
lebt
mein Leben
zu Ende

Nachwort

Einhundert Gedichte auswählen aus einem Werk, das zweitausendfünfhundert Gedichte umfaßt, aus einem Werk, das
ich seit zwanzig Jahren kenne, das mich begleitet, das ich
liebe – das heißt für mich, den Wählenden, den Herausgeber,
daß ich mich quälen muß.
Ein erster Schritt: die Auswahl beschränken auf die Gedichte, die zwischen 1976 und 1986 veröffentlicht wurden –
tausend Gedichte bleiben übrig. Ein zweiter Schritt: beim
Lesen dieser Gedichte einfach die herausnehmen, die klar er-
sichtlich unverzichtbar für eine solche Auswahl sind – es
bleiben 182 Gedichte übrig, und dann beginnt der Kampf mit
mir selbst um jedes dieser Gedichte. Warum dieses, warum
das andere nicht – die großen Themen müssen besetzt sein,
die Strukturen des Werkes erkennbar, unverzichtbar sind
Liebesgedichte, Hoffnungsgedichte, die Gedichte vom Al-
tern und Sterben. Schließlich sind es einhundert Gedichte,
wie der Verlag es wollte, und die Auswahl überzeugt mich.
Ich gebe zu: hätte ich an anderen Tagen, in anderer Stimmung
gewählt, hätte sich manch anderes Gedicht in der Auswahl
gefunden, und auch diese Auswahl hätte überzeugt. Gedichte sind kapriziöse Gebilde, heute erschließen sie sich,
morgen entziehen sie sich, jeder kann sie anders lesen, anders
erkennen, erfahren, besetzen – das macht ihren großen Reiz
aus. Meine einhundert ›Lieblingsgedichte‹ der Rose Ausländer sind in diesem Bändchen versammelt, zumindest die, die
es waren, als ich auswählte, morgen können es andere sein,
oder doch dieselben, oder ...

Die Biographie eines Dichters, seine Erkenntnisse, sein Erleben, sein soziales Umfeld schlagen sich in seinem Werk nie-
der. Bei anderen Voraussetzungen entstünde ein anderes
Werk. Seit Norbert Elias seine Gedanken hierzu formulierte,
kann dies auch von der Literaturwissenschaft nicht mehr
übersehen werden.

Wer sich dem dichterischen Werk der Rose Ausländer nähert, für den ist es sinnvoll, ihre Lebensdaten zu kennen:
Rosalie Ruth Scherzer wird am 11. Mai 1901 im altösterreichischen Czernowitz in der Bukowina geboren. Sie hat dort ihre Kindheit und Jugend verbracht und fühlt sich ihrer Heimat tief verbunden: »Grüne Mutter / Bukowina« – »Landschaft die mich / erfand«.
Sie ist Jüdin von Geburt. Ihr Vater war Kaufmann in Czernowitz, die Mutter kam aus Berlin; 1916, während des Ersten Weltkriegs, muß die Familie fliehen, nach zweijährigem Aufenthalt in Wien kehrt sie 1919 in die unterdessen rumänisch gewordene Bukowina zurück.
1920 starb der Vater, die Mutter sah sich nicht imstande, die ganze Familie zu ernähren. Die Tochter wandert in die USA aus, Verwandte nehmen sie im Mittelwesten der USA auf. Sie lebt in dem kleinen Ort Winona: »Den sanften Namen Winona / verdankst du der Legende vom schönen Indianermädchen / das sich vom Felsen stürzte / aus verschmähter Liebe«.
Ende 1922 übersiedelt sie nach New York. Sie heiratet dort ihren Studienfreund Ignaz Ausländer, trennt sich nach drei Jahren von ihm, läßt sich scheiden und kehrt 1931 nach Czernowitz zurück. Sie arbeitet als Übersetzerin, als Sekretärin, als Arbeiterin in einer chemischen Fabrik. Sie publiziert Gedichte und veröffentlicht journalistische Arbeiten. Ihr erstes Buch *Der Regenbogen* erscheint 1939.
1941 besetzen Truppen der SS die Stadt Czernowitz. Das Leid der Juden in der Bukowina begann: »Eislaken auf Transnistriens Feldern / wo der weiße Mäher / Menschen mähte // Kein Rauch kein Hauch / atmete / kein Feuer / wärmte die Leichen«.
55 000 Czernowitzer Juden wurden getötet. Zu den fünftausend Überlebenden zählen Rose Ausländer, ihre Mutter, ihr Bruder und dessen Familie. Gemeinsam verlassen sie 1946 die Bukowina und übersiedeln nach Bukarest. Rose Ausländer wandert von dort zum zweiten Mal in die USA ein und lebt in der Folgezeit in New York. Ihre Hoffnung, die Mut-

Rose Ausländer im Nelly-Sachs-Haus (1976)
© Archiv S. Fischer Verlag

ter nachkommen zu lassen, scheitert: die Mutter stirbt. Es gelingt Rose Ausländer nicht, in New York heimisch zu werden. Zu kraß sind für die psychisch und physisch kranke Frau die Gegensätze. Sie zieht sich zurück in Emigrantenkreise. Sie schreibt in Englisch, veröffentlicht nur wenig und sehnt sich zurück in ihr Mutterland: Sprache.

1957 begibt sie sich auf eine Europareise, begegnet wieder Paul Celan, den sie aus Czernowitz kennt, und wird von ihm in der radikalen Änderung ihres Schreibstils bestätigt. Sie verläßt die Welt des gereimten, geordneten Gedichts und eröffnet sich rasch die Welt einer moderneren Lyrik. – 1963 kehrt sie endgültig zurück nach Europa: »Fliegend / auf einer Luftschaukel / Europa Amerika Europa« – so hat sie selbst poetisch ihre Wanderschaft zwischen den Erdteilen beschrieben.

Ab 1965 hält sich Rose Ausländer in Deutschland auf. In Etappen hatte sich ihre Heimkehr in die deutsche Sprache, ins Mutterland vollzogen. Seit Anfang der siebziger Jahre lebt sie im Nelly-Sachs-Haus, dem »Elternhaus« der jüdischen Gemeinde in Düsseldorf. Seit 1978 ist sie bettlägerig. Die letzten Lebensjahre lebt sie in selbstgewählter Isolation, unter unendlicher Anstrengung Gedichte schreibend, unterbrochen von langen, unschöpferischen Pausen. Im Januar 1988 stirbt Rose Ausländer.

Bekannt wurde Rose Ausländer zuallererst als »jüdische Dichterin«. So wird sie auch heute noch etikettiert, eingeordnet in das entsprechende Schubkästchen, und damit eigentlich auf Distanz gehalten.

Sicher ist Rose Ausländer Jüdin von Geburt. Ihr Vater wurde als Kind und Jugendlicher am Hofe des Wunderrabbi von Sadagora orthodox-jüdisch erzogen. Als junger Mann sagte er sich aber von Sadagora los und lebte in Czernowitz zwar nicht in offenem Bruch mit dem Judentum, aber in sehr liberaler Einstellung dazu. Die jüdische Familie der Mutter kam aus Berlin. Der jungen Frau aus der Großstadt war das Ostjudentum fremd. Das Kind Rosalie Ruth Scherzer wuchs vor dem Ersten Weltkrieg in seinem Elternhaus in einem kulturell interessierten, aufgeklärten Umfeld auf. Dennoch ist die jüdische Prägung vorhanden – wie auch ein Atheist, der in unserer christlichen Kultur aufwächst, trotz allem christlich geprägt ist.

Im Werk Rose Ausländers hat das Judentum Spuren hinterlassen. Kindheitserinnerungen und die Sehnsucht nach einer Zeit in ihrem Leben, in der sie wirklich glücklich war, können aber nicht darüber hinwegtäuschen, daß andere Impulse für das Schaffen der Autorin wichtiger waren.

Gerne wird Rose Ausländer in eine Reihe gestellt mit Else Lasker-Schüler, Gertrud Kolmar, Nelly Sachs; alle tragen das Signum ›Frau – Jüdin – Dichterin‹; diese Gleichung geht aber nicht auf. Während die anderen wirklich als Dichterinnen in jüdischer Tradition und im Bekenntnis zum Judentum gesehen werden können, ergibt sich die Verwandtschaft z.B. zwischen Nelly Sachs und Rose Ausländer nur durch ein gemeinsames Erleben, das dichterisch verarbeitet wurde. Sie wurden geboren und haben gelebt in einer Zeit der Ausrottung und Vernichtung des jüdischen Volkes, die jüdisches Individualschicksal nicht zuläßt, jüdisches Schicksal nur als Kollektivschicksal kennt.

Nicht im Bekenntnis zum Judentum liegt die Gemeinsamkeit, sondern in der ererbten, nicht wandelbaren Zugehörigkeit zum Volk der Verfolgten, Geknechteten, Ermordeten. Jüdisches Schicksal ist von daher eine Dominante im Werk der Rose Ausländer, aber nur eine von mehreren.

Mit Furcht und Entsetzen hat sie die Nazi-Greuel erlebt, hat im Getto von Czernowitz die Verfolgung erlitten und hat staunend und verwundert das Überleben beschrieben: »Wenn der Tisch nach Brot duftet / Erdbeeren der Wein Kristall // denk an den Raum aus Rauch / Rauch ohne Gestalt // Noch nicht abgestreift / das Gettokleid // sitzen wir um den duftenden Tisch / verwundert / daß wir hier sitzen«.

Sie selbst sagte, sie hätte überlebt, weil sie schreiben konnte. Schreiben ist bei ihr ein Trieb. Ein Leben lang hat sie geschrieben, geschrieben … Zweitausendfünfhundert Gedichte liegen vor; eintausendfünfhundert Entwürfe in verschiedenen Arbeitsstadien; Kurzprosa; Erzählungen. Vieles wurde von ihr vernichtet oder ging im Laufe eines turbulenten Lebens verloren.

Als junges Mädchen, 1916, im Ersten Weltkrieg, erstmals auf der Flucht, begann sie zu schreiben. Tagebücher, Notizen, Gedichte. Ihr Schreiben war Reaktion auf erzwungene Veränderung. Als Zwanzigjährige mußte sie in die USA auswandern. Sie schrieb Gedichte, Erzählungen. Mit dreißig kehrte sie in die Bukowina zurück, pflegte die erkrankte Mutter, erlebte Glück und Enttäuschungen in Liebesbeziehungen, materielle Not. Sie schrieb. Die Bukowina wurde rumänisiert. Publikationsmöglichkeiten in deutscher Sprache wurden rar. Aber sie schrieb. Die Truppen der SS kamen nach Czernowitz. Elend, Hunger, Getto; sie schrieb. Die zweite Zeit in Amerika, eine Fremde in New York, einer Stadt, in der sie nicht heimisch werden konnte; also schrieb sie. Wieder Deutschland; Altenheim, Krankheit; aber sie schrieb. Denn »Schreiben war Leben, war Überleben«. Immer baute sie sich in ihrem Schreiben eine Gegenwelt auf. War das reale Leben auch geprägt durch materielle Not, durch Verfolgung, durch Todesdrohung, so war die erschriebene Gegenwelt eine Welt der Hoffnung, der Geborgenheit, des Glücks. Wahrscheinlich machte nur dieser Mechanismus das Weiterleben möglich. Er verhinderte den psychischen Tod Rose Ausländers, gab ihr die Kraft, auch da noch auszuharren und zu hoffen, wo der Mensch sonst im Fatalismus und Lethargie verfällt, sich aufgibt und verliert: »Wer hofft / ist jung // Wer könnte atmen / ohne Hoffnung / daß auch in Zukunft / Rosen sich öffnen // ein Liebeswort / die Angst überlebt«.

Zu den Konstanten im Leben Rose Ausländers gehört die Beschäftigung mit der Philosophie. Als Neunzehnjährige machte sie in Czernowitz im »Ethischen Seminar« Dr. Kettners Bekanntschaft mit dem philosophischen Werk Platons, Spinozas und Constantin Brunners. Spinoza und Brunner haben sie ihr Leben lang begleitet. In dem Gedicht *Spinoza II* heißt es: »Mein Heiliger / heißt Benedikt // Er hat / das Weltall / klargeschliffen // Unendlicher Kristall / aus dessen Herz / das Licht dringt«.

Mit Brunner stand sie in Briefwechsel, besuchte ihn, verehrte ihn als ihren Meister. Er nahm Anteil an ihrem Leben, an ihrem Dichten. Sein Werk beeinflußte auch ihre Gedichte nachhaltig. Seit kurzem ist erschlossen, wie nachhaltig dieser Einfluß war. Hunderte von Gedichten sind durch die Brunnersche Lehre geprägt. Bis hin zum direkten Zitat finden sich Kernsätze dieses Philosophen. Hier erschließt sich die zweite Dominante im Werk der Rose Ausländer, ein Bereich, der erst seit wenigen Jahren Beachtung findet und sicher noch manchen Stoff für Untersuchungen bietet.

Die Jüdin, der Trieb zum Schreiben, die Beziehung zur Philosophie müssen ergänzt werden durch die Beziehung zu Landschaften und Städten. Das Land der Kindheit, die Bukowina: »Landschaft die mich / erfand // wasserarmig / waldhaarig / die Heidelbeerhügel / honigschwarz // Viersprachig verbrüderte / Lieder / in entzweiter Zeit // Aufgelöst / strömen die Jahre / ans verflossene Ufer«.

Aber auch Winona, La Peille, Paris, Spanien, der Pruth, der Rhein, der Hudson, die Karpaten, das Jungfraujoch, die Niagara Falls, New York und immer wieder Italien haben einen festen Platz in den Gedichten Rose Ausländers.

Immer hat sie niedergeschrieben, was sie sah, und sie schrieb über das, was sie liebte, dazu gehörten auch die Berge, die Flüsse, die Städte.

Alle geographischen Lebensstationen lassen sich in den Gedichten finden. Ein chronologisch-geographischer Ablauf ihres Lebens in Gedichten ist veröffentlicht.

Sie hat sich eins gewußt mit der Natur. Sie hat in ihr und mit ihr gelebt. Hier war sie glücklich. Und als die Krankheit sie ins Bett zwang, so daß sich ihr Lebensfeld auf ihr Zimmer beschränkte, war diese Verbundenheit groß genug, Gedichte zu schreiben, die zeigen, daß die kreative Schaffenskraft des Menschen die Realität immer übersteigt. So sagt sie im Gedicht *Mein Venedig*: »Venedig / meine Stadt // Ich fühle sie / von Welle zu Welle / von Brücke zu Brücke // Ich wohne / in jedem Palast / am großen Kanal // Meine Glocken / läuten Gedichte // Mein Venedig / versinkt nicht«.

Rose Ausländer, das ist aber ganz besonders die Dichterin ihrer Beziehung zum Menschen, zur Mutter, zum Du.
In solchen Gedichten entwickelt sich Hoffnung und Liebe als Dimension eines Werkes, das alle Menschen gleichermaßen anspricht, den Menschen jenseits seiner individuellen Zugehörigkeiten berührt und gefangennimmt in eine dichterische Welt, die das Angebot enthält, dem realen Leben eine dichterische Erlebenskraft entgegenzuhalten. *Bekenntnis:* »Ich bekenne mich // zur Erde und ihren / gefährlichen Geheimnissen // zu Regen Schnee / Baum und Berg // zur mütterlichen mörderischen / Sonne zum Wasser und / seiner Flucht // zu Milch und Brot // zur Poesie / die das Märchen vom Menschen / spinnt // zum Menschen // bekenne ich mich / mit allen Worten / die mich erschaffen«.

Rose Ausländers dichterischer Weg ist klar, geradeaus, ohne Irrwege. Unbeeinflußt von literarischen Tendenzen, unbeirrt von lyrischen Moden hat sie ihre Gedichte geschrieben. Über die Jahre wurden ihre Verse schmuckloser, Zusätze und Schnörkel entfielen, die Texte wurden reduziert, bis der Kern offenlag.
Ihre Gedichte sind von »verwegener Romantik«, die einen spröde, voller Schrunden und Ecken, voll Trauer und Leid, die anderen melodisch offen, einfach und schön, voll Hoffnung, Trost, Liebe und Glück. Ihr Sinn erschließt sich, ist nachvollziehbar oder zumindest fühlbar. »Ihre Gedichte sind Strophen eines endlosen Liedes von ungetrübter Klarheit, bezaubernder Musikalität und bejahter Schwermut. Und ihr literarisches Geheimnis ist es, ganz ich zu sagen mit

der Liebe zum Du.« Rose Ausländers Gedichte bestehen aus »Worten, stark wie der Atem der Erde«.
Sie hat mit ihren Gedichten immer den Dialog mit den Lesern gesucht. Sie führt mit uns einen emotionalen Dialog, der uns direkt und mit nachhaltiger Wirkung anspricht.

Königswinter, November 1993 *Helmut Braun*

Textnachweise

Die Gedichte wurden entnommen den Bänden 4 bis 8 der Ausgabe:

Rose Ausländer, *Gesammelte Werke*, 8 Bände, herausgegeben von Helmut Braun, Frankfurt am Main: S. Fischer, 1984–1990. – © 1984, 1986, 1988, 1990 S. Fischer Verlag GmbH, Frankfurt am Main.

Die Gedichte *Worte, Geburtstag im Mai, Frühling I* (in der Originalausgabe: *Frühling*), *Liebe V* (in der Originalausgabe: *Liebe III*) aus:

Rose Ausländer, *Einverständnis,* Pfaffenweiler: Pfaffenweiler Presse, 1980. – © 1980 Pfaffenweiler Presse.

Trauer II (in der Originalausgabe: *Trauer*) aus:

Rose Ausländer, *Unter einem fremden Stern,* Pfaffenweiler: Pfaffenweiler Presse, 1980. – © 1980 Pfaffenweiler Presse.